LT :9
Lb 308.

QUELQUES MOTS

SUR LES

ÉVÉNEMENS ACTUELS.

PROCÈS DU CONSTITUTIONNEL. MORT DU GÉNÉRAL FOY.

PAR F.-L. BOURGEOIS,

PROFESSEUR DE PHILOSOPHIE AU COLLÉGE DE VILLENEUVE-SUR-LOT.

(Ce 21 décembre 1825.)

AGEN,

P. NOUBEL, IMPRIMEUR-LIBRAIRE.

Décembre 1825.

AVERTISSEMENT.

Je ne puis m'empêcher de me plaindre de la distance qui nous sépare de Paris, ce point vaste et central où tout ce qui intéresse l'État s'accomplit et s'observe. Les faits nous arrivent long-temps après qu'ils ont produit dans cette grande capitale l'impression première, sur laquelle on a dû les juger. Cependant, quoique nos réflexions puissent maintenant sembler tardives, nous cédons au désir qui nous presse de fixer l'attention publique sur un procès de doctrines, dont l'importance était majeure. La Cour Royale de Paris se trouvait investie dernièrement du plus beau de tous ses droits dans le jugement du Constitutionnel. Quel usage en a-t-elle fait, et quel exemple a-t-elle donné aux autres *Cours* du royaume? C'est ce qu'il convient d'examiner. Et, ensuite, la mort d'un homme remarquable, du général Foy, qui concourut avec ce procès célèbre à émouvoir les esprits, nous a paru être la cause légitime de quelques considérations sérieuses. Nous aussi nous avons voulu payer tribut à la mémoire de cet orateur, dont les actions et les paroles furent trop éclatantes sans doute, puisque leur effet dure encore. Notre unique intention c'est de dire la vérité, toujours utile et nécessaire : si aujourd'hui plusieurs la trouvent dure et fâcheuse, ce sera une preuve que depuis long-temps ils ne sont plus habitués à l'entendre.

QUELQUES MOTS

SUR

LES ÉVÉNEMENS ACTUELS.

Il nous sera permis, sans doute, lorsque tant de gens travaillent à la propagation de l'erreur ou du mal, d'user à notre tour du droit acquis par chacun de nous d'exprimer librement sa pensée, et de faire tous nos efforts pour relever certaines vérités qu'on attaque et qu'on sape par leur base, parce qu'on ne veut comprendre ni ce qu'elles sont, ni ce qu'elles valent.

Plaise à Dieu que ceux qui liront ces quelques lignes, écrites sous la dictée de l'amour sincère du bien, les entendent dans leur véritable sens, et que, pour un moment, ils étouffent en eux ce ferment de discorde et de haine qui trouble, qui agite une grande famille de concitoyens ou de frères !

On ne doit pas s'étonner si des faits partiels nous fournissent matière aux plus importantes et aux plus sérieuses considérations, et si, en les détachant de cette foule de phénomènes, tous plus instructifs les uns que les autres, qui se manifestent aujourd'hui, nous leur donnons un intérêt qu'ils semblaient à peine mériter. Nous

avons déjà été prévenus dans ce soin ; car on à
pu remarquer avec quelle avidité les esprits avaient
couru au-devant, de ces événemens pour s'en
emparer, pour les mettre en relief et pour attester
ainsi d'un accord unanime l'opinion qui les
possède.

Et, d'ailleurs, ne sait-on pas que les maladies
morales, comme les maladies physiques, offrent
des symptômes qui, en se montrant sans éclat et
sans bruit, sont néanmoins à l'œil exercé le signe
inévitable des ravages qu'ils amèneront avec eux,
et souvent de la mort qui les suivra ?

Les faits actuels dont je parle sont de ce genre,
et nous apportent d'aussi tristes présages.

S'il ne s'agissait que de cette lutte interminable
qui, depuis la naissance du monde, s'est engagée
entre le bien et le mal, par laquelle la société a
toujours eu dans son sein des bons et des méchans
occupés à se disputer l'empire, de cette opposition
de sentimens qui est dans la nature même de
l'homme, composée d'inclinations vertueuses et
perverses, nous eussions gardé le silence, et laissé
faire au temps ce qui, dans les siècles, s'est
continuellement accompli à l'avantage du bien,
qui a triomphé de l'erreur.

Mais ce ne sont plus des doctrines individuelles
qui apparaissent, et qui sont combattues par des
doctrines particulières ; ce n'est plus une dispute
entre des sages et des sophistes qui s'arrachent
la victoire, en usant de méthodes différentes. Et,

désormais, il n'est plus permis aux peuples de
rester oisifs spectateurs du combat, sans que leur
existence soit compromise, et que leur repos
périclite ; car une guerre ouverte s'est déclarée
contre le corps social tout entier. C'est l'État et sa
Constitution qu'on frappe de coups mortels ; et les
lois élémentaires de l'ordre, soumises aux insultes
de l'ennemi commun, se soutiennent à peine, ou
déjà elles s'écroulent par leurs fondemens.

Il est donc temps, après avoir jeté le cri
d'alarme, d'enfler sa voix pour répandre au milieu
des nations une salutaire terreur. Il faut qu'on
se hâte de remettre solidement à leur place ces
croyances essentielles au bonheur public, dont les
racines s'étendent partout, et qui, dès qu'elles
vinrent à manquer, ébranlèrent et firent tomber
la France, à qui elles ne laissaient que le délire et
l'ivresse des passions, et où bientôt l'œil n'aperçut
plus qu'un monceau de ruines sanglantes.

Qu'est-ce qu'un État ?

C'est une collection d'hommes réunis pour leur
bien-être, que lient ensemble des rapports mutuels,
des devoirs qui en résultent et qui les gênent,
parce qu'ils exigent le sacrifice continuel de l'intérêt
privé en faveur de la cause publique.

Or, qu'est-ce qui obligera les hommes de se
sacrifier les uns pour les autres ? Peut-être me
répondra-t-on : le besoin. Oui, au moment où il
se fera sentir. Mais une fois que les peuples, sortis
des premiers embarras de leur origine, eurent

affermi leur puissance et chassé loin d'eux le
danger; lorsque bientôt la paix les eut environnés
d'abondance , et que les divers membres de la
nation furent presque en droit de se croire indé-
pendans par le repos même dont ils jouissaient,
qu'est-ce qui a pu entretenir au milieu d'eux la
subordination et l'observance des devoirs sociaux ?
En un mot, dès qu'on parle de devoirs, où en est
la sanction, sinon en Dieu seul ? Car, supposez
que l'idée de cet Être suprême ne préside point à
leur établissement et à leur conservation , ils ne
subsistent plus. Et c'est ainsi que naturellement
la Religion se place à la tête de l'État, et qu'elle
forme sa constitution même.

Voilà les principes sur quoi repose tout l'ordre
social et toute l'union des hommes. Point d'État
sans Religion, sans une exacte fidélité à garder
ses préceptes.

Or , telle est depuis un demi - siècle l'erreur
capitale de ceux qui gouvernent, d'isoler l'État de
la Religion , qui le fait vivre. Ils la regardent
comme étrangère aux lois publiques, ils la redou-
tent et s'en séparent, et loin de lui attribuer la
première place, ainsi que le veut la nature , à
peine lui en laissent-ils une quelconque. Ils ne
souffrent plus qu'elle applique son empreinte aux
institutions nationales, et qu'elle leur communique
sa force; enfin, dans leurs projets, il n'y a plus
de Religion pour l'État qui ait droit de le régler,
aussi bien qu'elle règle les individus dont l'État

se compose, comme si le sort de l'un était différent du sort des autres. Et voici le grossier sophisme que nous avons entendu prononcer à la tribune, là où la vérité seule devrait parler : *Que les Etats ne répondent point devant Dieu de leurs doctrines, puisque, pour eux, il n'y a pas d'autre vie à attendre.* *

Mais reviendra-t-on sans fin à dire, avec cette subtilité pitoyable des athées, qui ont écarté Dieu de la création du monde, que *toutes les parties ne sont pas le tout*? Et si l'Etat, qui n'est qu'un vain mot sans les sujets dont il se forme, doit être jugé de Dieu dans ses membres, est-il indifférent au Prince qui le gouverne, aux Ministres qui agissent par son ordre, aux Sujets, enfin à toute la Nation, d'être religieuse ou de ne l'être pas ?

L'Etat a donc une Religion. Et quelle sera la sienne ou celle des individus qui le composent? Ce sera la véritable dès qu'il pourra la connaître ; autrement il se montrera impie ou déiste et rebelle au vrai Dieu.

Or, quelle est la vraie religion ? Quelle est celle qui, marquée d'un caractère divin dans son miraculeux établissement et dans sa durée, porte devant elle des preuves invincibles ? La vérité nous arrache ce mot : La Religion catholique.

Donc l'Etat doit être chrétien et catholique. Et, en effet, ce bonheur d'être catholique avait été réservé dans les hauts conseils de l'éternelle

---

* Discours de M. Royer-Collard dans la discussion de la *Loi sur le sacrilège*.

sagesse à la France, qui, jusqu'à présent, avait
su le reconnaître.

Mais est-il possible aujourd'hui qu'on soit obligé
de prouver à des Français ce qu'ils comprenaient
si bien depuis quatorze siècles, et ce qui les avait
rendus si forts entre les autres peuples de la terre ?
Est-il possible qu'un Etat fondé sur le christianisme veuille renier sa foi, qui, seule, dès l'ins-
tant de sa naissance, lui a donné ses lois, sa
constitution, sa vie ?

Ainsi, il est aisé de le comprendre, l'Etat et
tous ses membres seront chrétiens, sous peine de
renoncer à ce qui fait leur existence. Or, parce
que, depuis un siècle, le libertinage d'esprit
secoue le joug salutaire de la foi, et qu'il a osé
proclamer hautement ses blasphèmes, on en con-
clut que l'Etat est libre de répudier sa Religion,
comme l'ont fait tant de Français apostats, et de
reprendre cette Religion naturelle, égarement
monstrueux, lorsqu'on se dégoûte de la plénitude
de la vérité et qu'on s'en détache pour revenir à
ce qui n'en est que l'introduction périlleuse.

C'est parce que la France passa du catholicisme
à l'athéisme et ensuite au déisme, déguisement de
l'athéisme, que l'Etat, qui était chrétien dans sa
base et son essence même, si je puis ainsi m'exprimer, cessa tout-à-coup de subsister, et qu'il
n'y eut plus que le règne de la mort pour les
Rois comme pour les sujets. Et si l'Etat veut
maintenant encore retourner au déisme, et cède

à l'impulsion de quelques hommes qui l'y entraî-
nent par leurs folles doctrines, de nouveau il
cessera d'exister. Reste à savoir si Dieu, après
une pareille rechute, sera assez bon pour le relever
encore.

On demande : Comment l'Etat peut-il manifester
sa foi ? Dans ses membres, avons-nous déjà dit ;
et sur-tout dans son chef, dans les agens de son
autorité, dans ces grands corps par lesquels son
pouvoir s'exécute, qui jugent et qui combattent ;
dans l'armée et la magistrature.

Qu'est-ce, enfin, qu'avoir la foi et se montrer
sincèrement chrétien ? C'est admettre, sans hési-
ter, les dogmes du christianisme ; c'est vénérer
l'église, mettre ses lois en pratique et honorer les
ministres qu'elle consacre et qui nous transmettent
ses enseignemens.

Mais, après la ruine de la monarchie, comment
la Religion, jusqu'à l'époque fortunée qui nous
ramena nos maîtres légitimes et nos Rois vrais
chrétiens, puisqu'ils héritent d'un trône et d'une
foi de quatorze cents ans, a-t-elle été traitée en
France par le chef qui la gouvernait ? Comme
elle devait l'être par un usurpateur ou par un
mécréant. Il la faisait servir à ses caprices ; elle
était un instrument d'ambition entre ses mains ;
et s'il la rétablit, c'est parce qu'un Etat ne peut
se soutenir sans une Religion, quelle qu'elle soit.
Car Buonaparte, tout livré au fatalisme, ne croyait
qu'à la puissance de son épée. Aussi son empire,

qui reposait sur l'impiété, ne dura pas plus long-
temps que lui, et passa avec la rapidité de l'éclair.

Or, maintenant que notre Roi, plein de respect
pour le Dieu qui a voulu le rasseoir sur son trône,
rend hommage au christianisme, quel désordre si
le reste de l'Etat, loin d'imiter les exemples de
son souverain, ne témoignait que de l'indifférence,
du mépris et de la haine pour la Religion ! Quel
désordre si les ministres du pouvoir concouraient
eux-mêmes à cet abandon général de la vérité
antique, et le favorisaient de toutes leurs forces !
Que gagneraient-ils à se montrer déistes, et par
quelle incroyable illusion, par quel crime monstrueux aimeraient-ils mieux nous empoisonner que
nous guérir ?

Quelle est la contenance de l'armée au milieu
de ce tumulte et de ces efforts contre le bien ?
Est-ce un esprit de foi et un vif sentiment de
vertu qui anime nos soldats ? et, au lieu de les
voir abrutis par cette licence effrénée et cette
impiété grossière qui, depuis notre désorganisation
sociale, avaient pris racine dans les camps, les
retrouverait-on prêts à mourir pour leur Dieu
comme pour leur Roi, et aussi zélés pour la défense du christianisme que pour le salut de la
patrie ? Sans doute nous semblons beaucoup exiger
d'eux ; mais nous leur parlons le langage de la
foi et non pas le nôtre. Quelle sera leur réponse ?

Et la magistrature, sous quel aspect se présente-
t-elle à nos regards ? Est-elle majestueuse, libre,

fière, et sur-tout chrétienne, ainsi que dans les
temps passés ? Nous cherchons ici ce noble dé-
vouement, cette intégrité sans tache, cette invio-
lable fidélité qui, autrefois, faisaient son plus bel
apanage. Alors l'appât flatteur du gain ne tentait
ersonne, et l'honneur avait son sanctuaire in-
corruptible dans le cœur de ces hommes loyaux
et généreux. Un autre spectacle se découvre à cette
heure, qui épouvante, lorsqu'une raison pure et
droite en saisit les principaux traits (1) : le hideux
égoïsme s'insinue partout et souille les ames. Il
n'est plus de mode de se sacrifier, mais de jouir ;
et les fonctionnaires publics, occupés de leur bien-
être, pensent à l'Etat quand leur intérêt propre
est rassasié et satisfait. Maintenant le magistrat,
oublieux de son premier devoir, s'inquiète peu
des atteintes portées à la Religion ; il la dédaigne,
et, en la laissant outrager de sang-froid, il con-
court à sa ruine. Que sont donc devenues la force
et la gloire de la France dans ces deux corps
illustres qui faisaient son appui, et avec lesquels
elle aurait pu se tenir éternellement inébranlable ?

Il est vrai qu'aujourd'hui, après que la monarchie a été bouleversée de fond en comble, au
moment où elle cessa d'être chrétienne, les rangs
sont tellement mêlés et confondus qu'à peine ces
grands corps, guerrier et judiciaire, ont-ils été
remis à leur place et rendus reconnaissables. A
peine savons-nous que ces principaux agens de
l'autorité nous enveloppent de leur ministère auguste, et que l'Etat se fonde sur eux. Froissés

(1) Voyez le dernier ouvrage de M. de Lamenais, sur l'état actuel de la France *la*
religion considérée par rapport à l'ordre civil et politique.

encore au milieu des différentes conditions qui se
pressent pour usurper le pouvoir, ils ne remplis-
sent plus qu'imparfaitement leur office, et il nous
semble impossible de dire si les exemples qu'ils
donnent doivent être attribués à des individus
distingués les uns des autres ou à des corps en-
tiers, qui entrent dans la constitution même du
royaume de France. Triste incohérence, qui ne
rend pas moins funeste le mal que les soldats et
les magistrats peuvent produire quand ils répandent la contagion de l'erreur et du vice, et qui
atteste seulement l'état de trouble, de déplacement
et de détresse où nous sommes.

Qu'on frémisse donc! Car si la religion se perd
de jour en jour parmi nous, et si elle s'enfuit de
notre patrie désolée; si notre Roi, très-chrétien,
est mal secondé par des ministres indignes de lui,
qui le trompent en se jouant de ses intentions
pures; quel terrible avenir nous menace, lorsque
la marche du gouvernement est interrompue, la
bonne volonté entravée, la vertu déçue et la route
ouverte, l'activité permise au mal seul, ou au crime?
Quels fléaux entièrement destructeurs vont donc
fondre sur nos têtes, lorsque les hommes commis
à la garde de la France et qui font entre les mains
le dépôt de ses destinées, se sont laissés séduire et
la trahissent; lorsque, dans leur impureté et dans
leur délire, ils ne la nourrissent plus que de doctrines envenimées, et qu'ils ne sèment que l'im-
moralité et l'impiété pour recueillir des révolutions
et des tempêtes?

Je m'arrête, et je mets un terme à ces réflexions désespérantes, pour passer au détail de deux événemens qui ne les justifient que trop, et qui doivent éveiller toute notre attention et nos alarmes. Je veux parler de la lutte mémorable qui s'est ouverte devant les tribunaux, dans le dernier procès intenté au *Constitutionnel* et au *Courrier*; et de l'enthousiasme avec lequel la France entière semble avoir payé un tribut d'éloges immortels à la mémoire d'un homme que, dans un autre temps, elle eût rejeté de son sein avec horreur.

Admise pour l'Etat la nécessité d'être réellement et dese montrer chrétien, avec et par tous ses membres, on se demande néanmoins si la France, jusqu'au dix-huitième siècle, avait été chrétienne, quand on se plaint qu'elle cesse de l'être. Oui, jusqu'à cette heure la France s'était signalée par la vivacité de sa foi, et c'est en quoi réside le christianisme. Car reportez-vous aux temps anciens : sans doute les mœurs des particuliers ne seront pas toujours d'accord avec la pureté de l'Evangile ; mais au moins ils reconnaîtront la règle, ils s'estimeront à cette mesure, et ils ne craindront pas de s'avouer coupables ou violateurs de la loi. Or, tel était l'esprit public des Français, et de ces corps illustres par lesquels se meut la nation entière, la magistrature et l'armée. J'en appelle à vous, nobles capitaines, non moins célèbres par votre piété que par votre courage éclatant, Bayard, Turenne, et tant d'autres qui ne rougissiez pas d'être fidèles à Dieu comme à

votre prince ; à vous surtout , généreux Rois de
France , qui , à la tête de vos soldats , les enflam-
miez par vos exemples de respect et d'amour
pour cette religion , inébranlable appui de votre
royaume ! J'en appelle à vous , chefs intègres
des parlemens , Molé , Séguier , Lamoignon ,
D'Aguesseau , qui auriez tous sacrifié votre vie
pour la défense de la foi !

Après de si honorables souvenirs , nous allons
juger les doctrines qui prévalent aujourd'hui , et
qui sont la vie du peuple. Nous trouvons une occa-
sion favorable de les combattre , à l'issue d'un
procès qui désormais ne sera point oublié , le procès *du Constitutionnel ;* et dans cette lutte , l'ho-
rizon du monde moral va s'éclaircir ; l'avenir qui
nous attend , entourés que nous sommes de nuages
sinistres et de discordes impies , va se dévoiler.

PROCÈS DU CONSTITUTIONNEL ET DU COURRIER.

Le Journal *du Constitutionnel* , depuis son origine , s'est fastueusement proclamé le défenseur
de nos libertés publiques, et le gardien de la religion pure, ou exempte d'erreurs, de superstitions,
de préjugés.

Deux tâches bien importantes à remplir, et dis-
tinguées l'une de l'autre. Mais, d'abord, pourquoi
cette réunion d'offices ? Je suppose que les hommes
qui se sont chargés de la rédaction de cette feuille
se croient assez forts publicistes pour régenter l'Etat,
et marquer toujours aux agens du pouvoir la trace
par laquelle ils ne dévieront pas ; pourquoi , non

conteas de ce mérite et de cette science déjà si
rare, prétendent-ils encore y en joindre une autre,
que ne s'y rapporte guère, celle de la théologie,
qui préserve des égaremens en matière de foi ?
Cette nouvelle mission leur appartient - elle ?
L'Eglise les a-t-elle nommés ses mandataires ? Igno-
rent-ils que tout ici est critique et épineux, et que le
droit de juger a été réservé à un tribunal antique,
qui seul ne faillit jamais ? Plus tard, nous revien-
drons sur ce second point.

1.º Je reprends le premier. Le *Constitutionnel*
protège nos libertés publiques, celles qu'il s'ima-
gine nous avoir été données par la restauration,
qu'il fait dériver de la Charte, octroyée par Louis
XVIII à son peuple : et il n'est autre chose que
l'héritier de la révolution (ce titre ne lui déplaira
pas), de ses doctrines, des fruits qu'elles ont
portés, ou des crians abus qui nous blessent.

Nos libertés ! Nous sommes donc libres à cette
heure ? Et puisque nous nous en vantons, nos
devanciers, nos ancêtres avaient donc été privés
de ce bien ?

Mais qu'est-ce qu'être libre ? C'est n'être pas
tyrannisé. Or, combien de despotes les Français
ont-ils vus sur le trône, depuis qu'ils existent ? —
Qu'est-ce qu'être libre encore ? Est-ce s'immiscer
à la conduite de l'Etat, lorsque le soin de ses affaires
domestiques suffit au simple citoyen pour l'occuper
Est-ce quitter sa maison, sa famille, pour aller
s'attrouper sur les places publiques, et, dans une
oisiveté coupable, se plaire à juger le prince, se

ministres, ses actes? Est-ce murmurer sans cesse
contre le pouvoir, se donner le droit, avec de
courtes lumières ou avec une inévitable ignorance,
de sedresser des institutions qu'on ne comprend
pas, et d'entraver de toutes ses forces l'exercice des
lois, la marche de l'administration? Est-ce sortir
de sa condition privée, par un déplacement inique,
pour s'animer à pénétrer des secrets, des mystères
politiques, inaccessibles au vulgaire, où l'œil seul
du souverain et de ses agens doit lire, et qui ne
regardent que leur sagesse? Est-ce enfin ne plus
s'assujettir, et se rendre plus fort que le Prince?.

Mais nons avons beau faire; les Rois, dès qu'ils
gouvernent, sont les maîtres. Nous avons bien pu,
dans notre délire, égorger le Prince qui était assez
malheureux pour régner à l'époque où les Français
firent l'essai de leur liberté : mais, dès que le trône
vide fut rempli par un autre souverain, il recom-
mença d'être le maître, parce qu'il régnait. En un
mot, la puissance et les attributs du Prince se
définissent, en disant : il est le maître.

Je sais qu'à la fin des siècles, il arrive un moment où les peuples se lassent d'obéir, et ne veulent
plus de maîtres : alors ils tâchent de les détrôner
et de leur ôter le commandement, mais en vain;
ils tuent leurs rois, et ils ne peuvent anéantir la
royauté, ou ils sont eux-mêmes anéantis.

Ainsi, il est impossible que nous soyons plus
libres maintenant que nos aïeux, sous les Rois qui
nous ont précédés; parce que le Prince actuellement
régnant est notre maître, et que nous nous trouvons

forcés de lui obéir, comme on obéissait à ses pré-
décesseurs. Et plaise à Dieu que nous nous per-
suadions une bonne fois que cette obéissance, sans
restriction et sans mesure, est le vrai bonheur !
Lesformes par lesquelles se montrait la puissance
ont changé; voilà tout ce que Louis XVIII a pu
faire : mais, je le répète, le Roi reste souverain,
son autorité s'exerce encore, quoiqu'avec une
transposition de mots. Les charges ou l'obéissance
sont les mêmes, et toujours aussi fortes, et elles
ne diminueront jamais. Car il faut sans cesse que
chacun continue de se sacrifier pour le salut de tous.

Mais qu'est-il arrivé, et en quoi nous sommes-
nous crus plus libres? En ce que l'exercice du pouvoir ne s'opéra plus secrètement et dans le silence,
c'est-à-dire avec énergie et sans obstacle. D'après
le nouveau changement des formes, on appela le
peuple à connaître la marche de l'Etat, ce que le
Roi, en sa qualité de maître, exigeait d'eux, et
ce qu'ils étaient obligés de fournir. Ils payaient
autrefois la dîme, sans s'inquiéter de l'usage auquel
on la destinait : aujourd'hui on leur a ménagé plus
de science ; ils ne payent leurs contributions qu'en
apprenant l'emploi qu'on en veut faire. Et les
hommes charitables qui répandent partout ces
bienfaisantes lumières, se sont réservé le droit
d'examiner ou de discuter, devant le peuple, l'uti-
lité des dépenses publiques, pour alléger ainsi ses
soucis et ses peines. Ce grand privilège a été com-
pris; et d'un bout de la France à l'autre, on se
rendra ce consolant témoignage, que tous les

contribuables murmurent. En pouvait - il être
autrement? Et ne devez - vous pas vous estimer
trop heureux encore de ce qu'ils se bornent à des
murmures !

Ne savait-on donc point qu'introduire le peuple
dans les sentiers tortueux de la politique , et le
faire lire d'un œil curieux dans l'administration
intérieure de l'Etat , c'est l'inviter à sonder sa
propre blessure, toujours profonde ; et qu'aussitôt
l'égoïsme et les passions privées s'éveillent ensemble
en poussant des clameurs , parce que le dévoue-
ment requis , les sacrifices qu'on demande et qui
sont nécessaires , répugnent à la nature et la tour-
mentent ? Or, soumettez à cette épreuve périlleuse
la multitude avec sa fureur et ses vices , et vous
lui prêtez des armes funestes pour frapper, même
pour détruire.

Le mécontentement et le mal-aise général qui
travaillent la France , les plaintes que sans cesse
on entend retentir, la haine , les partis qui écla-
tent , sont l'inévitable résultat de notre situation
actuelle. Ici , par un détour plein d'une astuce
grossière, on accuse, non plus le Roi , mais ses
ministres. Mais qu'est-ce qui veut , qu'est-ce qui
agit dans l'Etat ? C'est le Roi. Et de qui se sert-
il pour exécuter ses volontés? Des ministres. Or,
n'est-il pas évident qu'on blâme l'action du Roi
dans le ministre qui la manifeste ? Le peuple,
avec son bon sens, l'a bien senti; et maintenant
qu'il a plus de science et non moins d'égoïsme , et
qu'il comprend son malheur , il l'attribue aux mi-

nistres, me direz-vous peut-être ? Non ; mais au
Roi, qui seul doit régner.

O système d'illusions ! ô hommes qui aiment à
se repaître de chimères ! Je conçois qu'un Prince
occupé à ressaisir le sceptre de ses pères après une
révolution sanglante qui l'a chassé du royaume ;
qui remplace un usurpateur sous lequel la nation
tremblante avait rongé son frein , et long-temps
comprimé une fureur implacable prête à faire ex-
plosion ; qui entend hurler autour de lui la rage
des factions déchaînées , cherche un moyen de
détourner de dessus sa tête ces flots de colère , et
interpose , entre son trône et ce peuple insensé ,
des hommes responsables de ses propres actes , et
sur lesquels la haine pourra s'assouvir. Mais il sait
que les traits qui les déchirent vont jusqu'à lui ,
que ses ministres ne le couvrent qu'en apparence ;
et il n'en gémit pas moins de cet affreux désordre ,
ou de cette désorganisation sociale.

Voilà donc la manière dont s'y prennent les
ennemis du Roi, pour soulever contre le pouvoir
légitime les passions de la multitude , et pour dis-
tiller leur venin piquant ; voilà l'emploi de ces
feuilles pleines d'amertume , qui soufflent partout
le trouble et la révolte. Et les Magistrats qui ont
protesté de l'innocence de ces journalistes criminels , oubliaient sans doute qu'ils condamnèrent
eux-mêmes au dernier supplice (*), il y a cinq

_____

(*) Procès des Carbonari, jugé devant les Cours royales de *Paris*
et de *Poitiers*.

années, une troupe de rebelles, vils instrumens d'une faction perverse et cachée, dont les torches incendiaires avaient été allumées par d'autres mains. Mais où était le foyer sinon dans ces feuilles impies et séditieuses, qui retombaient encore aujourd'hui entre les mains de la justice ? Quoi ! la France ne se verra jamais délivrée du danger où la mettent ces empoisonneurs de sa tranquillité et de son repos ?

2.° De même que les doctrines politiques *du Constitutionnel* minent sourdement l'Etat et tendent à le détruire, de même, par une conséquence inévitable, cette feuille, avec ses doctrines dites religieuses, n'aspire qu'à ruiner la religion. D'où vient que jamais un seul de ces publicistes égarés ne se borna à l'unique tâche de blâmer l'administration; et qu'à leurs discussions sur le civisme, ils n'ont jamais manqué d'en allier d'autres sur des matières de foi ? Ah ! c'est qu'ils n'ignorent point le mutuel appui que se prêtent la religion et l'Etat; ils savent qu'ils les ébranleront l'un par l'autre; ils les regardent comme des ennemis communs, et la même haine se manifeste de leur part dans ces doubles attaques.

Je demandais, d'abord, qu'est-ce qui avait chargé *le Constitutionnel* et ses adjoints de la défense de la foi ? Mais tout le catholicisme, bien loin de l'investir de cette fonction auguste, le désavoue, repousse avec horreur ses mensonges, en le chargeant d'anathèmes. Pourquoi ? Parce que ces hommes traitent la religion comme ils ont

traité l'État , et qu'ils ne respirent que vengeance
contre elle et ses ministres.

Sont-ils Français ? Sont-ils Chrétiens ? Qu'ils
le disent hautement , et qu'ils répondent !

Où auraient-ils appris le royalisme et le christianisme ? Où se seraient-ils pénétrés de leur esprit
salutaire ? A l'école de Voltaire , de Jean-Jacques ,
et des autres destructeurs de la foi dont les doctrines
sont sans cesse vantées, sans cesse reproduites dans
leurs feuilles ? Oui ! Et qu'ils ne s'étonnent pas
de cette espèce d'invective qui m'échappe ! car
quiconque aujourd'hui encore est Chrétien , ne
peut s'empêcher de déclarer une guerre éternelle à
ces affreuses impiétés que Jean-Jacques et Voltaire,
avec la tourbe sophistique du dix-huitième siècle,
ont appuyées de leur nom , et soutenues de leur
infernale éloquence.

Quelle pitié de voir les feuilles libérales abuser
de deux mots , dont *elles s'emparent avec perfidie* ,
comme nous l'a montré M. l'avocat-général de
Broé, *et qu'elles sont trop heureuses d'avoir à leur
disposition* , pour dénigrer ce qu'il y a de plus res-
pectable, de plus saint. *L'ultramontanisme , le
jésuitisme* , tel est l'épouvantail ridicule qu'elles
offrent à tous les ignorans dont elles font des
dupes. Mais , sous cette enveloppe peu artificieuse,
on porte des coups à la Religion seule ; et nous le
prouverons aisément. Car , en dernière analyse,
quel sens renferme le mot d'lutramontanisme ,
presque toujours répété par des gens qui ne le
comprennent que comme un signe de ralliement

èt de haine contre les prêtres ? Il signifie l'abus que
quelques Papes firent autrefois de leur puissance ,
ayant pour imitateurs un petit nombre d'Évêques
dans la chrétienté , mais jamais le corps entier de
l'épiscopat français , qui , en tout temps , sut se
maintenir dans les plus justes bornes. Or , y a-t-il
la moindre bonne foi à supposer que maintenant les
Papes soient encore prêts à renouveler des prétention
exagérées , condamnées d'avance par l'Évangile ?
La marche des siècles n'a-t-elle pas établi une borne
fixe et désormais inébranlable entre le pouvoir
spirituel et le pouvoir temporel ? En supposant
même (hypothèse inadmissible) que les souverains
Pontifes voulussent franchir ces limites , leurs
projets ambitieux seraient-ils de nature à exciter la
plus petite crainte , à une époque où non-seule-
ment les Evêques repousseraient en France , et
dans le reste de l'Europe , ces attaques d'une autorité excessive ; mais où le moindre fidèle , à
cause des lumières qu'il juge avoir acquises , se
croirait en droit de se récrier, et de déclamer avec
violence contre le despotisme papal ? Si par la suite
cette idée pouvait venir à l'esprit des Papes , qu'ils
entendent quelles clameurs on pousse déjà, lorsque,
gardant la plus exacte réserve , ils songent unique-
ment au bien de l'Eglise , à la paix de la chrétienté
toute entière , et, que , gémissant sur les ravages
du mal qui se déborde , ils se contentent d'offrir
en silence leurs prières à Dieu pour le salut de tant
dé peuples qui semblent à l'envi se précipiter vers
leur perte.

Ainsi , vous voyez que quand on vous parle
avec une crainte hypocrite des entreprises hardies
du clergé,dans un temps où à peine il relève sa tête
écrasée par le marteau sanglant des révolutions ,
où de ses mains débiles il cherche une misérable
subsistance , qu'on lui refuse ; où d'ailleurs il sent
qu'il lui est trop difficile de lutter contre sa triste
destinée , au milieu d'un peuple impie ; on se joue
de ses malheurs , et on insulte par la plus cruelle
ironie au Dieu qu'il sert et qu'il prêche. Oui, sans
doute , si quelques prêtres firent jadis un fol usage
de leurs richesses et de leur puissance , ils furent
punis par la plus terrible leçon, et le plus effroyable
des châtimens : et vous devez croire qu'un pareil
exemple leur a suffi.

Lors donc qu'à cette heure,de toutes parts,mon
oreille est frappée du bruit de ces furieux qui crient
à l'ambition des prêtres et aux excès de leur ministère , il me semble que la même haine qui les
poursuivait aux jours de la terreur s'attache à leurs
pas , et que j'entends répéter ces cris de rage qui
les accompagnaient jusqu'à l'échafaud.

Or , où ces plaintes criminelles sont-elles reproduites sous plus de formes , et redites à satiété
plus que dans les feuilles libérales du *Constitutionnel*
et du *Courrier ?* Ils déclament contre les prêtres ;
et , s'ils avaient le cœur Français et Chrétien , ils
devraient rappeler les peuples au respect pour la
Religion et ses ministres , qu'ils ont déjà perdu.
Ils nomment les prêtres ambitieux , ils leur pro-
diguent l'insulte et les outrageuses épithètes de fa-

natiques , de régicides ; et ils devraient , par
justice , nous les représenter chastes , saints et
vertueux, pour ranimer notre confiance qui s'éteint,
et qui chaque jour nous éloigne de l'autel , en nous
plongeant dans un oubli funeste de tous nos devoirs
religieux.

Mais non , c'est une conjuration vaste , univer-
selle qui attaque le christianisme encore environné
de ruines : c'est un moyen perfide de faire haïr
et mépriser cette Religion auguste et toute éplorée,
qui devrait reprendre ses habits de deuil, ses chants
de douleur sur le petit nombre de fidèles qui la
pratiquent, de prêtres qui la défendent.

Je saisis le mot de *jésuitisme* plus frivole que le
premier , et je l'explique. Qu'était-ce que les
jésuites ? Une corporation de prêtres qui dévoués
au culte des autels , à la propagation de la foi par
leurs missionnaires si bons Français , et à l'instruction de la jeunesse par leurs maîtres si pieux
et si savans , ont eu la gloire d'élever nos pères ,
mieux qu'on ne nous élève nous-mêmes. Peut-être
ne voit-on pas comme ce que j'ai dit du clergé
regarde aussi les jésuites qui en faisaient partie. Si
quelques membres de ce grand corps négligèrent
autrefois la Religion , pour se livrer à des excès
coupables , la leçon de la Providence ne fut-elle
pas assez forte contre eux dans les horribles épreu-
ves auxquelles ils furent soumis , lorsque le délire
qui préparait la révolution les frappa, en attestant
l'innocence du plus grand nombre , par la fureur
même avec laquelle il s'efforça de les anéantir ?

Certes, tous les jésuites, supposés vicieux et impurs, n'eussent pas inspiré tant d'effroi à ceux qui les persécutèrent, et qui alors les auraient volontiers introduits dans leurs rangs, au lieu de les bannir. On ose nous parler des jésuites régicides ! oui, à un temps où les Boucher, les Pelletier, où une partie du clergé ligueur était possédée d'un esprit de vertige. Mais voudrait-on attacher ce nom exécrable au corps entier du clergé français, parceque plusieurs de ses membres se laissèrent aller à d'affreux travers ? Hé bien, parmi les jésuites se trouvèrent moins de criminels et d'apostats que dans les autres sociétés religieuses. Quelle mauvaise foi ! Ensuite, on les représente comme pleins d'une ambition funeste au repos, à la paix des états ; on invite les rois de l'Europe à se défier de ces hommes dangereux, et à les proscrire. Hé bien ! jamais les empires ne furent plus florissans qu'aux époques où cette société célèbre y brillait elle-même dans tout son éclat : voyez la France sous Louis XIV, la Russie sous Catherine II ; . et, je le dis sans crainte, une partie de cette gloire rejaillissait sur les jésuites, parce qu'ils formoient pour la nation une vigoureuse jeunesse, aussi distinguée par sa foi que par ses talens. Où retrouver aujourd'hui leurs dignes successeurs dans ce saint ministère ; et nous est-il possible maintenant de puiser dans nos écoles le mérite et la piété ?

Oui, les jésuites rendirent d'immenses services à la France ; pour ne pas le voir, il faudrait s'abandonner à un aveuglement volontaire ; et c'est pour

cela qu'on les traite avec tant d'ingratitude , qu'on
se plait à les noircir dans l'esprit des peuples. Géné-
reuse récompense de leurs bienfaits , qui les invite
encore à se dévouer au salut de la patrie !

D'ailleurs admirez l'à-propos des plaintes vio-
lentes qui se font entendre contre eux. C'est à une
époque où ils recueillent amèrement les fruits de la
haine qu'on leur porte , où ils ont à peine de quoi
remplir le vide de leurs rangs éclaircis , et se répandre en France dans deux ou trois maisons d'éduca-
tion , eux qui autrefois élevaient la France toute
entière. A peine vivent-ils, à peine cet illustre corps
soulève sa tête de dessous les ruines dont il est
écrasé : et vous me les montrez partout , sur les
marches du trône , au conseil d'état , jusques dans
nos familles , où , dites-vous , ils sèment le trouble et la discorde.

O absurdité de la fureur qui se trahit ; ô excès
des passions haineuses ! voilà donc comme nous
devons redouter le jésuitisme ! l'ultramontanisme ! Voilà les bienfaits impayables dont la
France se trouve redevable au *Constitutionnel*, aux
autres feuilles de la révolution , qui , avec ces
grands mots , y portent d'un bout à l'autre le signe
de la vraie foi , et le moyen du bonheur !

Ils prennent bien leur temps pour souffler de
toutes parts le feu dévorant de l'impiété , pour
montrer à tous comment on abjure le christianisme. Qu'ils aient le courage de poursuivre leurs
efforts , et déjà ils touchent au terme , et la Religion sera éteinte en France , et le royaume

s'anéantira une seconde fois, et nous verrons si
ceux qui auront fait les ruines, sauront profiter
de leur ouvrage. Mais pourquoi s'avancent-ils sans
obstacles à l'accomplissement de leurs sinistres
vœux ? Comment la justice les a-t-elle laissés s'é-
chapper de ses mains ? Je n'ose me l'expliquer à
moi-même, pas plus que l'expliquer aux autres.

MORT DU GÉNÉRAL FOY.

Apprenez où nous en sommes. Pendant que,
d'une part, ces feuilles incendiaires, foyers de
sédition, s'attisaient, et, par la liberté qui leur
était rendue, reprenaient une activité nouvelle ;
de l'autre, afin que ces événemens se prêtassent
une mutuelle lumière, presque la moitié des
habitans de Paris, de cette grande ville qui donne
le ton au reste de la France, dont les exemples
ont un empire universel, se prosternait devant le
tombeau récemment ouvert d'un de ces hommes
trop célèbres qui, dans les derniers temps, ne
se sont fait connaître que par les coupables opi-
nions, qui, comme je l'ai prouvé, tendent avec
force à la destruction de l'Etat et de la Foi. Le
royalisme et le christianisme avaient trouvé un
ennemi plein d'acharnement dans le général qui
vient de mourir. Sa mort même attesta comme il
se confiait en la religion de l'état, et comme il
était pénétré de respect pour elle, d'amour pour
sa doctrine consolante. Et voilà donc ce qui lui a
mérité le tribut d'hommages unanimes que lui
paye la France, cette espèce d'idolâtrie avec

laquelle on se dispute ses restes , on cherche , par les plus folles entreprises, à éterniser sa mémoire ? Ah ! triste France ! est-ce ainsi que tu dénotes tes pensées et ton délire ! Est-ce ainsi que tu proclames l'alliance formée entre toi , et tous ceux qui renient et leur Religion et leur Prince ? Un fait pareil nous révèle l'esprit de vertige qui possède un grand peuple.

Hé quoi ! tels sont les progrès que les désolantes doctrines par lesquelles nous avons déjà été abattus une fois, font encore au milieu de nous. Quoi ! il serait vrai de dire que les Français se corrompent toujours , que la plûpart ont cessé de croire à Jésus-Christ , à l'Evangile , à la légitimité que la foi chrétienne appuie , à l'existence du bien et du mal ; en un mot , que ce peuple , dans sa masse , est maintenant plus perverti et plus méchant qu'à l'époque où il massacra son Roi, après avoir chassé Dieu et ses Prêtres. Mais où allons-nous, entraînés par cet incroyable égarement ? Vous le savez , la foi catholique , c'est la vie des nations ; et si chez nous, elle se perd à vue-d'œil dans les cœurs , en ne leur laissant que le crime , qu'allons-nous devenir ! Et ne pourrions-nous pas même nous abstenir de ce doute inutile ? Car ne voyons-nous pas à cette heure la religion méprisée de l'ensemble du peuple , abandonnée à quelques femmes qui seules viennent dans nos temples déserts ? N'entendez-vous pas sans cesse autour de vous , dans vos maisons , sur les places publiques , sur les grands chemins retentir des blasphèmes et des chants

d'impiété ? Ne savez-vous pas que posséder quel-
qu'instruction, savoir quelque chose, être *homme*
enfin , c'est avoir assez de titres pour insulter aux
croyances religieuses, pour se mocquer des signes de
la foi, et faire parade d'athéisme ? Les grands et
les petits, les riches et les pauvres , les ignorans
et les savans ne se disputent-ils pas entr'eux la
palme de l'irréligion et du fanatisme ? Les déposi-
taires du pouvoir , dont l'exemple est une loi pour
la multitude , ne s'empressent-ils pas , par des
marques non équivoques , de lui apprendre leurs
pensées sacrilèges , si d'ailleurs le respect humain
et leur caractère d'officiers publics , ou de servi-
teurs du Roi très-chrétien , les oblige encore à des
devoirs extérieurs de convenance ? Et que résulte-
t-il de cet aveuglement général ? Que les mœurs
n'existent plus , car point de mœurs sans la foi ;
que les crimes se multiplient avec une rapidité
effrayante ; que le Français a perdu sa loyauté et
son noble esprit de dévoûment ; que l'égoïsme seul
se manifeste , puis la honte qui l'accompagne ; et
que dans les rapports sociaux on ignore déjà si on
communique avec des hommes , ou avec des sau-
vages. Où retrouverez-vous, je vous prie, la moindre trace de cet honneur national qui faisait battre
autrefois tous les cœurs français. Ils sont glacés
maintenant et engourdis d'un froid mortel , que
la seule ardeur des passions impures peut réveiller.
Voyez ces hommes courir en foule vers des lieux
de honte, où ces passions , qui leur sont commu-
nes avec les brutes , quand ils ont renoncé à tout

le reste , trouveront à s'assouvir. Voyez partout
de hideux spectacles , des commerces infâmes ,
des assassinats , des adultères ; voyez une légion
de femmes impudiques , soldées par l'Etat , par-
courir nos villes avec audace , et recueillir le sa-
laire du crime sur ces théâtres d'effronterie que le
soleil rougirait d'éclairer.

Mais je refuse donc d'avouer le triomphe de la
civilisation ! Non ; je me contente de déclarer que
la civilisation véritable consiste à remplir ses devoirs
envers Dieu , et ensuite ceux qui en découlent envers
les autres, et envers soi-même. Or, les devoirs envers
Dieu sont négligés, ou n'existent plus : aussi, avez-
vous remarqué de quelle manière les hommes agissent entr'eux ; et comme ils traitent leur propre corps,
sans songer à la noblesse de l'être raisonnable. Là ,
en un mot , où il n'y a ni respect pour Dieu , ni
reconnaissance de son culte , ni vénération pour
ses ministres , il reste de la barbarie : et peut-être
touchons-nous à ce terme , où nous nous montre-
rons plus barbares , plus féroces que tous les autres peuples de la terre.

Les sciences se développent ; oui , et avec elles
les moyens d'amuser l'esprit par des chimères , de
le distraire de l'unique objet digne de ses pensées ,
de Dieu. Les savans sont parvenus à connaître si
bien la création ou la nature , qu'ils en excluent
le Créateur. Dans leurs courtes lumières , ils ont
trouvé de quoi occuper et repaître leur ame , sans
y laisser de place pour ce divin auteur, que
le spectacle du monde ne manifeste plus , mais

qu'il cache à leurs yeux superbes. Leurs calculs
si exacts, je le répète, ne servent qu'à les détourner
du bien suprême. Et, pour que ces distractions
idolâtriques ne fussent pas un patrimoine réservé à
eux seuls, on a ouvert un vaste champ de pensées
impies, dans le domaine de la politique et des
finances ; où les petits, comme les grands et les
doctes, trouvent de la nourriture, où également
ils s'éloignent de Dieu, des choses célestes et
immortelles. Ils semblent croire qu'on se joue
impunément de l'ordre social ; qu'on peut livrer à
la risée des peuples ces vérités élémentaires sur
lesquelles sont basés les empires, et que sans
danger on leur met entre les mains des armes
destructives. Non, il n'en sera pas ainsi. Mais,
lorsque l'esprit est en proie à ces erreurs grossières,
que fait le cœur ? Séparé de Dieu, il se pervertit
à mesure que l'intelligence se dégrade : les plaisirs
de la terre le captivent, en épuisant ses affections ;
et des remords violens le déchirent, parce que les
plus vives joies qu'il goûte au monde sont incapa-
bles de le satisfaire. De cette sorte, toute la nature
humaine, privée de l'appui de son Dieu, s'avilit.

Tels sont les excès où se jettent les peuples usés
par la durée des siècles, par la civilisation même,
qui est devenue séductrice : ils s'attachent à de
faux biens et aux raffinemens d'un luxe effréné,
sans se soucier désormais de la foi qu'ils dédaignent.
Les ames rétrécies et pleines d'illusions, ne vivent
que de pensées criminelles ou impies. Encore une
fois, voilà nos lumières ! voilà nos progrès !

Il ne nous reste qu'à attendre dans une stupide tranquillité le jour où Dieu, poussé à bout par nos offenses, impatient de venger le sanglant abus que son peuple chéri aura fait des grâces qu'il lui avait prodiguées, viendra, accompagné des fléaux de sa colère, non pour nous éprouver encore, mais pour nous abîmer sans ressource. Et, après ce terrible châtiment qui nous aura enlevés de dessus la face de la terre, comme tant d'autres nations qui se sont évanouies avant nous, viendra tôt ou tard un observateur inspiré, qui nous jugera de la manière dont le grand Bossuet a jugé les peuples anciens, avec le flambeau de la révélation divine, et qui dira : Les français avaient vieilli dans la corruption ; ils ne voulurent point être régénérés par l'eau vive du christianisme, où ils avaient puisé une première existence. Une leçon divine les instruisit d'abord, et leur annonça les désastres prêts à fondre sur eux, s'ils n'avaient soin de les prévenir ; mais ils n'en profitèrent point, ils insultèrent la Justice divine au lieu de la reconnaître et de la fléchir ; et n'étant plus dignes de se relever, après que Dieu leur eut vainement tendu sa main secourable, ils retombèrent de tout le poids de leurs iniquités, et enfin le Très-Haut les frappa sans miséricorde, et ils furent exterminés par le dernier trait de son implacable courroux.

FIN.

www.ingramcontent.com/pod-product-compliance
Lightning Source LLC
Chambersburg PA
CBHW060457200326
41520CB00017B/4824